NOTICE

SUR LE CHATEAU

DE

LA ROCHE-GUYON.

Lith. de C. Jouault frères.

Vue générale du Chateau de la Roche-Guyon.

NOTICE

SUR LE CHATEAU

DE

LA ROCHE-GUYON.

Paris.

IMPRIMERIE D'ADRIEN LE CLERE ET Cie,

QUAI DES AUGUSTINS, N° 35.

1838.

NOTICE

SUR LE CHATEAU

DE

LA ROCHE-GUYON.

Le château de La Roche-Guyon est situé à dix-huit lieues de Paris, entre les deux routes royales de Rouen. Il s'élève sur la rive droite de la Seine, dominant le village auquel il donne son nom, dominé lui-même par une haute tour et une colline plus haute encore. Ses terrasses, ses différens corps de bâtimens se groupent en amphithéâtre. Un parc conquis dans le roc, ou suspendu sur le flanc de la montagne, se termine par une esplanade, d'où l'on jouit du panorama complet. La Seine se déroule, à perte de vue, dans un large bassin de prairies, de vignobles et de forêts.

Mais ce n'est pas assez de la beauté d'un site, ni de la rapidité des bateaux à vapeur, pour déterminer au pélerinage, et l'intérêt des souvenirs doit compléter l'intérêt du spectacle.

A ce double titre, le château de La

Roche-Guyon offre le même attrait; et avant le paysage, qu'on ne peut décrire, il faut tracer le tableau historique qui s'encadre dans ses vieilles murailles, sous les auspices du nom de La Rochefoucauld.

Dans les temps les plus reculés, la tour étoit le véritable château. Dès que les habitans du village se croyoient menacés de quelque danger, ils pouvoient s'y retirer par des communications souterraines, qui existent encore.

Les premières notions qu'on rencontre dans les anciennes chroniques du Vexin nous font suivre les pas de saint Nicaise évangélisant ce pays.

C'est sa parole qui enfanta les premiers chrétiens sur ces bords de la Seine, et il y trouva le martyre près du village de Gany. Une sainte femme nommée Pience étoit déjà dame de La Roche-Guyon. Convertie à la foi par le courageux apôtre, elle le fit inhumer avec ses compagnons dans le lieu même de leur mort.

Un sieur Guy et sa descendance continuant à habiter La Roche, on unit si intimement les deux noms, qu'ils n'en firent plus qu'un, et se confondirent indivisiblement dans celui de La Roche-Guyon.

Dans le courant du onzième siècle, *l'histoire générale de la Normandie,* par Gabriel du Moulin, signale maintes fois La Roche-Guyon comme une place forte vivement disputée entre les Anglais et les Français. En 1097 Guyon de La Roche, gagné par des présens, ouvrit ses portes à Guillaume-le-Roux. Dès 1112, il expie sa félonie sous les coups de son beau-père lui-même. Voici en quels termes les annales manuscrites commencent le récit de cet événement :

« Comment Guy, sire de La Roche-
» Guyon, fut meurtri en son châtel, et com-
» ment les barons du Velxin prinrent les
» traîtres au châtel même, et en firent jus-
» tice.

» Le sire de ce châtel avoit nom Guy,
» jeune bachelier, et preux aux armes. Il

» avoit un beau-père dont Guillaume étoit
» nom..... Il advint en un dimanche au soir
» qu'il entre en une église, à grand complot
» d'autres traîteurs qu'il a avec soi amenés
» tous armés de hauberts sous leurs vête-
» mens. Et le traître, si armé comme il étoit
» sous chappe, faisoit aucune fois semblant
» d'adourer, et toutes fois regardoit-il par
où il pust entrer à celui Guyon. Et tout
» comme il aperçut un huis par où celui
» Guyon venoit à l'église, là s'adressa main-
» tenant et entra dedans à force, lui et toute
» sa compagnie. Sitôt comme ils furent de-
» dans, si cachèrent leurs épées, et courut
» celui Guillaume sus à celui Guyon, l'épée
» traître, comme fourcené, et occit celui
» Guyon, qui garde ne cuidoit avoir d'aucun;
» et quand sa femme qui tant étoit prude
» femme et vaillante, veist ceci, se prit par les
» cheveux comme esbaye, comme femme hors

» de sens; après courut à son mari, sans peur » de mort, sur lui se laissa cheoir, et le cou- » vrit de soi-même contre les coups d'épée, » et commença à crier en telle sorte et ma- » nière : Très-déloyal meurtrier, occis-moi, » moi qui t'ai desservi, et laisse monseigneur. » Ces coups que les traîteurs jetoient sur son » mari, les reçevoit elle-même et disoit : » Doux ami, doux époux, qu'as-tu fait à ces » gens, dont ne soyez bons amis ensemble, » comme gendre doit être vers son seigneur, » et sire vers son gendre? quelle fourcenerie » est-ce? Vous êtes tous enragiés et hors du » sens. Et les traîteurs la prinrent par les » cheveux, et l'arrachèrent de dessus son » mari toute dépiécée et desglaivée et pres- » que toute détranchée, et la laissèrent toute » enverse d'une part aussi comme morte. » Après retournèrent à son seigneur et le » paraccisèrent tout maintenant, et le firent

» mourir de mort cruelle et tous les enfans
» aussi qu'ils purent là trouver. Et quand
» ils eurent ce fait, si cherchèrent partout
» céans s'ils trouvoient plus aucun. Lors leva
» la tête la pauvre dame, qui à une part gi-
» soit toute étendue; et quand elle connut son
» seigneur qui jà étoit mort, et gisoit tout
» dépiécé parmi la salle, si s'efforça tant par
» son amour, qu'elle vint à lui si dépiécée
» comme elle étoit, toute rampante à guise
» de serpent, et si, sanglant comme il étoit,
» le commença à baiser aussi comme s'il fût
» tout vif, et à ploureuse chanson lui com-
» mença à rendre son obsèque en telle ma-
» nière : Monseigneur ami, mon cher époux,
» qu'est-ce que je vois de vous? Tant en dit
» seulement, et puis chet pâmée comme
» morte. »

Suger connut ces lieux, les aima, et les habita sans doute ; car il en a laissé, dans la vie de Louis-le-Gros, une description si fidèle, que la prédilection seule et la contemplation habituelle peuvent en laisser une semblable.

Guy sixième du nom ayant été tué à la bataille d'Azincourt, le 25 octobre 1415, Perette de La Rivière, sa veuve, défendit deux mois le château de La Roche-Guyon contre les comtes de Kent et d'Hutington, qui s'en emparèrent d'assaut. Guy VII, son fils, en reprit possession sous Charles VII.

Sous François Ier, la famille de La Roche-Guyon avoit porté par alliance le château de La Roche-Guyon dans la famille de Silly. Le sire Loys de Silly jouissoit à un si haut degré de la faveur de son souverain, que François Ier et le dauphin vinrent à plusieurs reprises séjourner chez lui avec leurs cours. Une partie de la vieille façade et la tour qui sert aujourd'hui d'entrée existoient déjà.

A cette même tour se rattache le souvenir d'un accident funeste qui vint affliger le cœur du roi dans une de ces visites. Le comte d'Enghien, déjà célèbre par la victoire de Cérisoles, avoit suivi le roi et le dauphin, et ne connoissant d'autres jeux que les combats, il proposa d'occuper l'oisiveté d'une journée d'hiver par un assaut simulé. Les courtisans s'armèrent de boules de neiges, puis se partagèrent en assiégeans et en assiégés. Au moment où le comte d'Enghien effectuoit une sortie pour repousser une agression, un coffre échappé par hasard, ou par quelque noir dessein, vint tomber de la plus haute tourelle sur la tête du jeune prince, qui expira entre les bras du roi.

Henri IV porta aussi une vive affection au château de La Roche-Guyon, et le voisinage du château de Rosny n'y contribuoit pas uniquement : les chroniques rapportent même qu'il avoit voué de tendres sentimens à la marquise de Guercheville, femme d'Henri de Silly. On ajoute que la dame de La Roche-Guyon recevant les visites du monarque avec un profond respect, mais sans aucune réciprocité de tendresse, lui cédoit tous les appartemens d'honneur et se retiroit avec ses enfans dans une maisonnette au-delà de la Seine; si bien et si obstinément que le roi lui dit un jour : Puisque dame d'honneur vous êtes, soyez donc dame d'honneur de la reine ma femme. Titre que la marquise de Guercheville accepta et fut toujours digne de porter.

On a conservé avec tout le respect dû à la mémoire de ce prince, l'appartement qu'il occupoit, et le lit où il reposa les fatigues de la bataille d'Ivry. Il y couchoit un lundi, 4 janvier 1593, lorsque Mayenne et Guise entreprirent de le surprendre ; mais le roi, averti à temps, reprit la campagne en disant : Mon cousin est un grand capitaine, mais je me lève plus matin que lui.

Sous Louis XIII, Mlle de Silly épousa en secondes noces Charles du Plessis, seigneur de Liancourt, dont elle eut un fils, Roger du Plessis, auquel elle transmit la terre de La Roche-Guyon. Roger épousa Jeanne de Schomberg, fille du maréchal de ce nom. Ils fondèrent en faveur des indigens une rente de deux mille livres, et leur mémoire est encore un objet de vénération dans le pays. Ils n'avoient eu de leur mariage qu'un fils, Henri Roger du Plessis, qui fut tué au siége du Mardick, le 6 août 1649, et dont la fille épousa en 1659 le duc de La Rochefoucauld. Son petit-fils, le duc Alexandre de La Rochefoucauld, exilé par Louis XV, passa dix ans à La Roche-Guyon. La disgrâce du seigneur fut un grand bienfait pour le pays. Il consacra ces dix années et son immense fortune aux embellissemens de La Roche-Guyon.

Ce fut lui qui fit creuser un canal souterrain d'une lieue et demie pour aller chercher à Cherance, à travers le rocher, une source d'eau reçue dans un vaste bassin, également creusé dans le roc, profond de 13 pieds et large de 45. De ce bassin l'eau descend dans tous les services du château, et vient enfin alimenter sur la place publique du village, une fontaine, sur le marbre de laquelle on lit l'inscription suivante :

AQUAM HANC
PER SUMMA COLLIUM
QUATUOR FERÈ ABHINC MILLIBUS
VARIIS CANALIBUS *DUCTAM*
PUBLICÆ UTILITATI
ADDIXIT
ALEXANDER *DUX* RUPIFULCADUS
ANNO M. DCC. XLI
CURA LABORE ET INGENIO
LUDOVICI VILLARS ARCHITECTI.

Les mots *dux* et *ductam* furent

effacés dans la révolution. On crut y lire sans doute les noms proscrits de duc et de duchesse.

C'est aussi le duc Alexandre qui construisit les écuries en voûte qu'on admire à la gauche de la cour d'honneur, et les deux magnifiques terrasses qui élèvent leurs parterres jusqu'à la hauteur des grands appartemens. Il ajouta encore à ces travaux une aile vers le parc, un vestibule et un escalier qui sont restés de nos jours le vestibule et l'escalier d'honneur de tout ce vaste édifice.

La salle d'armes fut aussi par lui disposée en galerie. Elle contient les portraits de la famille de La Roche-

Lith. de Gihaut frères

Vue intérieure de la cour

Grand escalier du Chateau

foucauld, et réunit ses titres à l'estime publique : c'est le cardinal de La Rochefoucauld, doyen du Sacré Collége et fondateur à Paris de l'hospice des Incurables ; puis, ce brillant héros de la Fronde, qui s'appeloit le prince de Marsillac, aux pieds de la duchesse de Longueville ; le duc de La Rochefoucauld dans le salon de Mme de Lafayette, qui s'appelle l'auteur des *Maximes* pour la postérité. Une superbe édition manuscrite de ses mémoires est déposée dans la bibliothèque, sur une riche table de boule qui appartint à Louvois.

Dans la pièce qui sert de prolongement à la galerie est placé le portrait de la duchesse d'Enville, fille du duc Alexandre, et l'une des femmes remarquables de son époque. Elle suivit l'exemple de son père, et c'est à elle que sont dûs, la salle de spectacle, le dernier étage de la façade principale, et ce magnifique salon qui pouvoit rivaliser avec ceux de Versailles. Les quatre panneaux sont décorés de quatre Gobelins représentant l'histoire d'Esther avec une perfection et un éclat qui doivent ranger ces tapisseries parmi les chefs-d'œuvre de cette fabrique. C'est là que la duchesse d'Enville recevoit avec la plus somptueuse hospitalité, et quelquefois dans son intimité, les esprits éminens d'alors : Turgot, Dalembert, Condillac, l'abbé Barthélemi, l'abbé Delille, M. de Malesherbes, apportoient assidûment leurs hommages à La Roche-Guyon. Il avoit été dans la destinée de cette noble habitation de rester toujours, à côté des châteaux royaux, l'hôte des puissances et des gloires de chaque siècle. Mme la duchesse d'Enville continua cette tradition, tout en continuant comme son père à enrichir le pays par les plus utiles travaux.

Cependant 89 sonna. Les préoccupations politiques ameutèrent toutes les influences à Paris, l'émigration dépeupla les vieux manoirs, puis la terreur étendit partout les bras. Elle vint saisir Mme la duchesse d'Enville au milieu de sa noble et belle existence ; elle fut conduite à Paris et jetée en prison. Heureusement cette longue suite de splendeurs avoit toujours eu pour cortége d'inépuisables bienfaits, et la duchesse d'Enville fut réclamée par la reconnoissance de La Roche-Guyon. Les habitans députèrent vers la Convention, et leur attachement courageux ayant reconquis leur bienfaitrice, ils la ramenèrent libre et bénie dans son château, dont le seuil n'avoit pas été, durant son absence, franchi par un seul agent révolutionnaire. La tour seule dut expier son antique féodalité : son sommet s'élevoit encore à cette époque au-dessus de la vallée de l'Ept; mais la Convention envoya deux commissaires pour procéder à sa démolition. Sa solidité la préserva d'une ruine complète. Après quinze jours d'efforts, les ouvriers l'abandonnèrent dans l'état où elle se trouve aujourd'hui.

Le duc de La Rochefoucauld avoit été massacré à Gisors par une bande de malfaiteurs étrangers à la ville, et les derniers jours de la duchesse d'Enville furent consolés par la tendresse filiale de sa belle-fille et petite-fille, Melle de Rohan-Chabot, aujourd'hui marquise de Castellane. Son portrait est placé à côté de celui de sa belle-mère, à laquelle elle a élevé un pieux monument.

La révolution ayant aboli les substitutions, le château, à la mort de la duchesse d'Enville, 1797, passa à Mme la duchesse de La Rochefoucauld, née Rohan-Chabot, qui dans ses partages avec son frère, y fit comprendre La Roche-Guyon; puis, du duc de Rohan, à son fils le prince de Léon, archevêque de Besançon, duc et cardinal de Rohan.

C'étoit alors l'époque la plus florissante de la restauration; le moment où le pouvoir faisoit le plus d'efforts pour ramener l'indépendance des esprits sous le joug de la religion; et comme pour rester fidèle à cette loi, qui associoit invariablement le château de La Roche-Guyon au caractère des temps, le futur cardinal de Rohan, étudiant la théologie avec l'abbé Dumarsay, y fixa le séjour de son ardente et tendre piété.

Une antique chapelle, taillée dans le roc, à la hauteur des toits du château, jouissoit de temps immémorial du droit fort rare d'y conserver le saint sacrement. M. le cardinal de Rohan la restaura, l'agrandit de deux chapelles latérales, et les orna avec le goût ingénieux des plus riches chapelles d'Italie. Des bas reliefs représentant la vie de sainte Pience et la sépulture de saint Nicaise couvrirent les parois de rocher. Une étroite et longue voûte, mystérieusement éclairée par des vitraux, des inscriptions tirées de l'Ecriture, la madone dans une gloire et l'appel lointain d'un orgue préparoient d'avance le recueillement des fidèles. M. de Rohan attiroit, parmi les ecclésiastiques, les plus illustres de ses confrères, et parmi les gens du monde, ses anciens compagnons, ceux qui vouloient élever en paix leur ame à Dieu, ou sonder profondément les troubles de leur cœur. Dieu seul connoît les pieuses larmes qui furent versées dans la chapelle de La Roche-Guyon; mais le monde savoit bien que cette douce et belle retraite étoit entrée en lutte avec lui, et recrutoit saintement parmi les plus distingués des siens.

M. de Lamartine a intitulé une de ses premières méditations : *La semaine Sainte à La Roche-Guyon.*

M. le cardinal de Rohan, par un contrat de vente, le premier qui se rencontre dans toute l'histoire de ce château, cède La Roche-Guyon au duc de La Rochefoucauld actuel, auquel il eût appartenu, si la révolution n'avoit aboli les lois qui en avoient jusqu'alors réglé la transmission.

Le 18 juin 1830, Mgr le duc de Bordeaux et Mademoiselle vinrent visiter La Roche-Guyon; et comme s'ils eussent voulu laisser un dernier adieu à tant de souvenirs de leurs ancêtres, ils ont inscrit leurs noms sur le registre du château.

M. le duc de La Rochefoucauld est venu à son tour apporter tous ses soins aux dernières améliorations de La Roche-Guyon. L'ancien bac a disparu, et M. Bouland, jeune ingénieur, a construit un pont suspendu dont l'avantage pour le pays est vivement apprécié par les habitans.

Nota. La terre de La Roche-Guyon fut érigée de baronnie en comté, en faveur de Henri de

Lith. de Cihaut frères

Vue du pont suspendu en fils de fer.

Silly, au mois de mai 1574; en duché-pairie, une première fois, en faveur de François de Silly, au mois de janvier 1621; et la seconde fois, en faveur de Roger Du Plessis, seigneur de Liancourt, au mois de mai 1643; et enfin en simple duché, en faveur de François de La Rochefoucauld, et de ses descendans *mâles* et *femelles*, au mois de novembre 1679.